# ÉLOGE FUNÈBRE

DU

# T.-R. P. D'ALZON

*vicaire général du diocèse de Nîmes*
*Fondateur et supérieur général des Augustins*
*de l'Assomption*

PRONONCÉ

LE 2 DÉCEMBRE 1880

*Dans l'Église paroissiale de Saint-Pierre, du Vigan,*

PAR

L'ABBÉ EDMOND CHAPOT

Missionnaire apostolique

NIMES

DE L'IMPRIMERIE LAFARE FRÈRES,
Place de la Couronne, 1,

1881.

A

# LA MÉMOIRE

DE LEUR VÉNÉRÉ MAÎTRE,

# LE T.-R. P. D'ALZON,

FONDATEUR ET DIRECTEUR DU COLLÉGE

DE L'ASSOMPTION ;

## SES ANCIENS ÉLÈVES

DU VIGAN ET DE SUMÈNE :

Benj. ANNAT, conseiller gén.
E. ARNAL du CUREL, anc. mag.
Ch. CAMBON, industr.
Ch. ARNAL du CUREL.

Jeudi matin, 2 décembre, a été célébré, au Vigan, dans l'église paroissiale de Saint-Pierre, un service funèbre pour le repos de l'âme de notre vénérable et regretté compatriote, le T.-R. P. d'Alzon. Une assistance nombreuse se pressait au pied des autels, témoignant, par son attitude pieuse et recueillie, des sentiments douloureux qu'excitait en elle la mort de ce prêtre si vertueux et si zélé, l'honneur de la cité, la gloire de l'Église.

Plusieurs ecclésiastiques avaient pris place dans le sanctuaire orné de tentures funèbres. Nous avons remarqué auprès de M. l'archiprêtre, MM. les curés-doyens de Sumène, de Saint-André de Majencoules et de Valleraugue. Les Frères de la doctrine chrétienne étaient venus, eux aussi, rendre un hommage de gratitude à celui qui s'était toujours montré leur plus généreux défenseur.

Dans la nef, autour d'un riche catafalque, se groupaient les élèves de l'alumnat de l'Assomption en habit de chœur, toutes nos congrégations religieuses, les membres du conseil de fabrique, du barreau, et de nos diverses administrations, plusieurs notabilités de la contrée ayant à leur tête, M. le marquis d'Assas, parent du défunt.

Pendant l'office divin, M. l'abbé Edmond Chapot, missionnaire apostolique, est monté en chaire. Il a retracé en termes saisissants la belle et précieuse existence qui vient de s'éteindre. *Les vertus du prêtre, les œuvres de l'apôtre, les combats de l'athlète,* ont trouvé tour à tour dans le sympathique orateur les accents de la plus noble éloquence. Pendant plus d'une heure, la foule profondément émue est restée sous le charme de cette parole vibrante et imagée qui lui rappelait à chaque instant, avec les souvenirs les plus glorieux de la cité, les traits de la grande figure qui brillera d'un vif éclat dans les annales de l'Eglise et de la France.

(*Gazette de Nimes,* du 4 décembre). J. B.

Voici le texte de cet éloge funèbre. Les anciens élèves du T.-R. P. d'Alzon, originaires du Vigan et de Sumène, ont tenu à en réclamer l'impression comme suprême témoignage de leur piété filiale et de leurs sincères regrets pour leur ancien maître qui fut toujours leur Père.

Ils s'exprimaient en ces termes dans la lettre collective qu'ils ont adressée à M. l'abbé Chapot :

Monsieur l'abbé,

Les anciens élèves de la Maison de l'Assomption, compatriotes du T. R. P. d'Alzon, vous remercient de l'éloquente oraison funèbre que vous avez prononcée au Vigan à la louange de leur illustre et vénéré Maître. Ils désireraient que ce pieux hommage perpétuât au sein des familles chrétiennes de notre pays le souvenir d'une de nos gloires les plus saintes et vous demandent de les autoriser à livrer à la publicité vos pages si attachantes.

Ce serait pour eux une consolation que de témoigner ainsi leur gratitude à la mémoire de leur regretté Père et leur sympathie pour les excellents religieux de l'Assomption.

Veuillez agréer, Monsieur l'abbé, l'assurance de nos meilleurs sentiments.

Benj. ANNAT, *Conseiller général*,
E. ARNAL du CUREL, *ancien Magistrat*,
Charles CAMBON, *Industriel*,
Ch. ARNAL du CUREL.

Le Vigan, 6 décembre 1880.

L'auteur a cru devoir céder à des instances si pressantes et à de si légitimes désirs.

# ÉLOGE FUNÈBRE
### DU
# T.-R. P. D'ALZON
#### VICAIRE-GÉNÉRAL DU DIOCÈSE DE NIMES

*Fondateur et Supérieur général des Augustins*
*DE L'ASSOMPTION*

> *Laudemus viros gloriosos, parentes*
> *nostros in generatione sud.*
> Louons les hommes illustres, qui ont été
> nos pères et dont nous sommes la
> race.
> Eccli. XLIV. 1.

Mes Frères,

Un vaillant est tombé dans Israël : la cité, le diocèse, l'Eglise sont en deuil. Le prêtre que nous pleurons est allé présenter à Dieu une âme courageuse et méritante, qui a toujours défendu les droits les plus sacrés de la conscience et de l'Eglise.

Que pouvons-nous pour donner à sa mémoire les hommages qui lui sont dus ? Déjà de pompeuses funérailles ont honoré sa dépouille mortelle : la marche funèbre ressemblait à un vrai triomphe. Faut-il rappeler ce concours immense, ce peuple reconnaissant, ces associations catholiques, ces cercles d'ouvriers, ces nobles représentants de la magistrature et de l'armée, de la noblesse et de la science, ces dignes élus de nos suffrages pour les assemblées publiques et parlementaires, ce clergé nombreux et sympathique, les évêques de Nimes et de Montpellier, faisant escorte à l'illustre athlète de Dieu et de son Christ ? Honneur à votre cité qui a voulu s'associer à ce deuil public par une imposante délégation !

Mais honorer des dépouilles mortelles ne suffit pas à la reconnaissance, à l'amitié, à l'admiration. Il faut encore contempler et reproduire les vertus, les mérites et les gloires de l'âme envolée vers Dieu. Ne sera-t-il pas bon et consolant pour nous de louer et d'exalter ce vaillant dont nous sommes la race, ici-même, dans la modeste église où il fut fait chrétien ?

Soyez remercié, dévoué pasteur de la paroisse du Vigan, d'avoir appelé votre peuple au pied des autels pour adresser à Dieu une commune prière en faveur de celui qui n'est plus auprès de nous, mais dont le souvenir restera toujours comme une des gloires de notre cité. A côté du d'Assas qui sauva la patrie, nous aimerons à placer le d'Assas qui a si fortement défendu l'Eglise : nous sommes heureux et fiers d'avoir donné au monde catholique le modèle des prêtres, le plus infatigable des apôtres et le plus intrépide des défenseurs.

Ah ! je le sens ; pour célébrer une si belle vie, pour exalter une si grande âme, il faudrait une voix plus autorisée et une plus éloquente parole. J'apporte ici, du moins, une profonde admiration, de précieux souvenirs et des accents émus. Permettez-moi de faire appel à votre bienveillance et à vos propres souvenirs pour m'aider à accomplir la tâche difficile, mais consolante, qui m'est imposée.

D'ailleurs une pensée me rassure. Pour vous dédommager de mes faibles accents, il vous reste la joie de pouvoir lire et méditer ces pages éloquentes, dans lesquelles Mgr Besson a retracé les traits de cette grande figure. Ainsi la gloire que donne une louange autorisée vient se joindre ici, pour l'augmenter encore, si c'est possible, à la gloire qu'apportent toujours avec elles les bonnes œuvres accomplies par un cœur généreux. *Laudemus viros gloriosos, parentes nostros in generatione suâ.*

Béni soit à jamais ce jour, où il nous est permis, pour adoucir nos regrets, de considérer et de célébrer les vertus du prêtre de Jésus-Christ, les œuvres de l'apôtre de la foi et les combats de l'athlète de l'Église dans la personne de notre illustre compatriote Joseph-Marie-Maurice-Emmanuel d'Alzon, vicaire-général de Nimes et de Montpellier, ancien membre du Conseil supérieur de l'instruction publique, fondateur et supérieur-général des Augustins de l'Assomption !

I. — Assistons, tout d'abord, à une scène du ciel qui nous révèlera l'essence intime du sacerdoce et la vertu éminente qui le caractérise. Au sein de l'éternité, Dieu le fils se présente à son Père comme victime de propitiation en faveur de l'humanité déchue, à jamais impuissante dans ses expiations. « Les holocaustes des hommes ne peuvent point expier leurs crimes. Je m'offre à vous, ô mon Père ! me voici ; je viens. » N'est-ce pas la parole de la totale immolation ? Quand le Verbe a dit ce mot qui réjouit le ciel et épouvante l'enfer, Dieu le Père contemple son fils avec amour et lui dit « Tu es Prêtre éternellement ; *Tu es sacerdos in æternum.*

Et depuis cette grande parole, le Sacerdoce et

le Sacrifice sont inséparables dans l'histoire de l'humanité. Avez-vous le courage de tout sacrifier et de vous immoler vous-même à la gloire de Dieu et au salut des âmes ? N'hésitez pas à vous coucher sur la dalle du sanctuaire pour recevoir l'onction sainte. Vos fonctions, vos études, vos engagements, votre habit, vos devoirs : tout vous rappellera que, prêtre de Dieu et de l'Eglise, vous êtes destiné à pratiquer et à partager ce sacrifice perpétuel de Jésus-Christ.

Mais une pareille immolation suppose une profonde vertu, c'est-à-dire, un indomptable courage dans les âmes qui veulent se montrer dignes de l'appel de Dieu et des gloires du sacerdoce. Ce n'est point par un seul acte ni d'un seul coup que l'homme peut acquérir une semblable virilité; il s'accomplit dans l'âme un travail secret qui, par la puissance de la grâce, la prédispose à ces austères grandeurs et l'initie, par des sacrifices successifs, à l'immolation absolue, que réclame le sacerdoce. Il est utile d'admirer cette progressive révélation d'En Haut dans l'âme du jeune Emmanuel.

Il vint au monde, vous le savez, dans notre modeste cité, le 30 août 1810. Issu d'une famille noble et riche, qui avait su conserver intactes dans son histoire les traditions de la foi et de l'honneur, le jeune Emmanuel grandit sous d'heureuses influences, qui le rendirent parfait chrétien. Dès les premières années de sa vie, à l'âge de 4 ans, il reçoit les bénédictions d'un Prince de l'Eglise, malheureux et persécuté. Son père et sa mère consolaient l'exil du cardinal par une hospitalité qui honorait leur foyer en même temps qu'elle témoignait de leurs sentiments de piété.

Qui connaît les secrets de Dieu et qui peut sonder les mystères de la grâce ? N'est-ce pas aux prières et aux bénédictions du cardinal Gabrielli que l'héritier des d'Assas, des Montcalm, des Faventine et des d'Alzon doit attribuer les premières impulsions de son âme vers le sanctuaire et l'autel ? Dès lors il pratiqua, sans la connaître, cette parole du Christ : « Laissez-venir à moi les petits enfants ! » Petit enfant, il alla à Jésus-Christ et reposa sur son cœur. Le divin Maître lui révéla les secrets et les charmes de la vertu. Au château de Lavagnac, il organise le service des pauvres, dans une des allées du parc, où il construit un asile pour les orphelins. Plus tard, Paris le reçoit et le retient pendant les jours de son adolescence, mais le clergé de Saint-Sulpice l'instruit et le dirige. Il croissait en sagesse et en science devant Dieu et devant les hommes, sous l'œil de ses parents chrétiens.

N'était-il pas l'objet de leurs attentions les plus délicates et de leur dévoûment le plus absolu ? Faut-il rappeler ici une parole qui résume toute une éducation morale ? Expliquant à son fils les conseils de Blanche de Castille à saint Louis, le vicomte d'Alzon disait à Emmanuel : « Mon fils, j'aimerais mieux vous voir mourir que vous voir commettre un péché mortel. » Et cependant il était l'unique rejeton d'une grande race !

En lui étaient renfermées toutes les espérances de la famille. Aussi lui prodiguait-on les témoignages de tendresse et d'affection ; rien n'était négligé pour le rendre digne de l'héritage qu'il était appelé à recueillir. Mais, ô noble père, ce sont d'autres gloires que le ciel réserve à votre fils. Bientôt il vous dira qu'il renonce à la fortune, aux plaisirs, au monde, et qu'il veut être le prêtre de ce Jésus-Christ, que vous lui avez fait aimer dès le berceau. Pourrez-vous soutenir le coup d'une telle épreuve et accomplir le sacrifice qu'elle vous imposera ? Que le ciel vous communique quelque chose de la vertu généreuse de votre Emmanuel !

L'enfant a grandi, Mes Frères ; les années de l'éducation se sont écoulées ; c'est l'heure de fixer la direction de la vie. Emmanuel a considéré en face les richesses, les plaisirs, les avantages du siècle et il les a trouvés méprisables comme une vile poussière. Ce jeune chrétien dédaigne le monde, triomphe des séductions de la terre, rêve les trésors de la grâce et les richesses du ciel ; il entend la voix de Dieu qui l'appelle et il dit à son père : « Je veux être prêtre ».

Quelle révélation pour le cœur du vicomte d'Alzon ! Quelle épreuve pour sa foi ! Le père ne se rend pas avec empressement aux désirs du fils. Une année de luttes et de sacrifices sera imposée à l'âme ardente d'Emmanuel. C'est encore à Paris, dans cette ville aussi célèbre par son luxe et ses magnificences que par ses scandales et ses corruptions, c'est à Paris que le gentilhomme du Languedoc doit voir se développer sa vocation. Que de combats pour sa vertu ! Il est jeune, riche, ardent, enthousiaste. Son imagination est vive, son intelligence pénétrante, son cœur généreux. Comment pourra-t-il se soustraire aux entrainements qui l'attendent et aux suggestions dont il sera obsédé ?

Comment pourra-t-il éviter tout naufrage au milieu de si effroyables tempêtes ? La Providence veille sur le jeune Emmanuel ; comme autrefois à saint Pierre, Jésus-Christ lui commande d'aller à lui et de marcher sur les flots ; les flots ne l'engloutiront pas. C'est dans l'épreuve, comme dans un creuset, que sa vertu doit passer pour être purifiée. C'est là, que nous la voyons s'enraciner, fleurir et s'épanouir ; Thomas d'Aquin à Naples, Charles Borromée à Pavie lui servent de modèles et leur souvenir encourage ses efforts.

Chaque matin, les fidèles de l'église Saint-Thomas-de-Villeneuve voyaient un jeune homme aux allures distinguées, à l'œil pénétrant, au front découvert se prosterner au pied des autels, dans une fervente prière et assister avec piété, sans ostentation, au Saint-Sacrifice de la messe ! Déjà l'élu du Seigneur entendait et méditait la parole de la croix qui lui prêchait le sacrifice absolu ; déjà il pressentait les immolations qu'il devait accomplir ; déjà il affirmait en lui-même que sacerdoce et sacrifice sont deux mots inséparables dans la langue du Ciel et de l'Église.

C'est l'heure du triomphe de la volonté de Dieu sur l'âme de son élu. Rien ne pourra plus le retenir au château de ses pères ; l'amour de Dieu et de l'Église presse ce cœur de vingt ans et le consume de ses flammes sacrées.

Regardez : à travers les ténèbres de la nuit, à la clarté des étoiles, un gentilhomme, monté sur un rapide coursier, franchit le seuil du château de Lavagnac et s'enfuit sur la route qui conduit à Montpellier. Ne reconnaissez-vous pas le fils du seigneur d'Alzon ? Où va-t-il ? Là où Dieu l'appelle. Que le coursier se précipite : ardents sont les désirs du jeune cavalier, nobles sont ses pensées : il est impatient d'arriver à son but. Que les anges du sanctuaire le conduisent et le protègent !

Le but est atteint : le séminaire de Montpellier ouvre ses portes et accueille le jeune Emmanuel.

C'est le triomphe de la grâce par un sacrifice admirable et complet.

Qui dira la douleur de sa famille, lorsqu'elle apprit la réalisation d'un dessein qui détruisait ses plus belles espérances ? Que vos pleurs s'arrêtent, nobles et vertueux parents; que votre douleur soit consolée ! La race des d'Alzon ne s'éteindra pas ; elle se perpétuera dans l'Eglise de Dieu ; votre fils sera le Père d'une multitude d'âmes qu'il aura ramenées vers le cœur de Dieu et qui le proclameront leur guide, leur père et leur sauveur. Votre sacrifice sera fécond pour la gloire de Dieu et pour votre propre gloire. Le blason de vos ancêtres resplendira d'un éclat nouveau : l'Orient et l'Occident du monde connaîtront votre nom et le respecteront à jamais.

Répétons ici la belle parole d'un de ses amis, une des gloires politiques de notre cité. « Si le père de l'abbé d'Alzon, écrit le baron de Larcy, avait regretté de voir s'éteindre sa race par la résolution de son fils, ce fils, du moins, pouvait lui dire qu'il laisserait après lui des œuvres qui lui survivraient, des filles immortelles, des Leuctres et des Mantinées chrétiennes qui feraient la gloire de son nom. »

Le Seigneur avait dit : « Je me le suis choisi pour mon prêtre et pour qu'il monte à mon autel : *Elegi eum mihi in sacerdotem* ». La douleur des parents se calme; la vocation du fils se développe. Emmanuel est ordonné prêtre, à Rome, en l'année 1834, et il dit sa première messe le jour même où l'Eglise célèbre la fête de S. Jean, le disciple bien-aimé.

N'est-ce pas dans la ferveur de cette première messe que le jeune prêtre a entendu et pratiqué la parole de la croix ? « J'aime, disait-il, et je veux me sacrifier. » Oui, c'est à l'autel que le prêtre comprend qu'il est l'homme du sacrifice et de la croix. La croix est partout sur lui et autour de lui, parce qu'il est sacrificateur. La croix orne l'étole de sa joie, le manipule de sa tristesse, la chasuble d'or de son sacerdoce ; la croix domine l'autel où il sacrifie ; elle est retracée sur chacun des ornements bénis et des linges sacrés qui lui servent. N'est-ce pas ainsi que l'Eglise lui rappelle que sacerdoce et sacrifice sont à jamais inséparables ?

Telle a été la conviction profonde de ce jeune prêtre et telle devait être la pensée qui inspirerait tous les actes de sa vie. L'abbé d'Alzon a tout sacrifié et a fait éclater son sacrifice par la pratique des plus hautes vertus.

Inutile de rappeler ici ses nombreuses largesses, ses abondantes aumônes ; nous l'avons vu s'appauvrir jusqu'à la misère pour secourir l'indigent qui souffre en silence et donner au pauvre qui tend la main. Nous l'avons vu tourmenté de la sainte ambition de la pauvreté absolue : il voulait mourir dans le dénûment, lui qui était né dans l'opulence ! Quelle simplicité dans les habitudes de sa vie ! Quel détachement de tous les biens d'ici bas ! La parole évangélique de la pauvreté assombrissait quelquefois son âme ! Il se croyait coupable aux yeux de Dieu, tant qu'il avait en sa possession quelque bien terrestre, portion diminuée d'une immense fortune.

Il y a près de 20 ans : il se promenait dans les vastes et magnifiques prairies qui ornent les bords de l'Arre, près de votre cité : « Une parole de l'Evangile me pèse, dit-il à un jeune homme qui l'accompagnait ; Notre-Seigneur n'a-t-il pas dit : « Vendez tout ce que vous avez et donnez-le aux pauvres ? » Il faut qu'avant ma mort je me dépouille de tout ! »

Quelle admirable parole ! Les événements l'ont justifiée : le riche héritier d'une grande race est mort sans fortune et sans ressources. La pauvreté l'a séduit et l'aumône l'a dépouillé. Nous l'avons vu jusque dans son suaire revêtu des saintes livrées de la pauvreté du Christ ! Pauvre pendant la vie, il a voulu être encore pauvre dans la mort.

Le Prêtre aime Jésus-Christ et il doit chercher par ses austérités, ses macérations, ses veilles prolongées à se montrer le digne disciple de ce Jésus crucifié. Ne parlez point à ce gentilhomme consacré à Dieu d'adoucir la rigueur du devoir par des concessions et des ménagements que réclameraient des chrétiens affadis. Ne lui dites pas que le cilice est trop blessant et que la flagellation est trop cruelle. Il a voué une haine profonde à tout ce qui peut flatter les sens et les pousser à la révolte contre l'esprit. A l'exemple de l'apôtre, il châtie son corps et le réduit en servitude ; c'est l'âme qui est souveraine chez lui, au nom de son sacerdoce.

Sa cellule devient le témoin quotidien de ses châtiments salutaires et de ses sanctifiantes austérités. Ah ! que le monde, qui médit du prêtre, vienne prêter l'oreille et entendre les rudes coups que porte à sa chair ce noble adorateur de la croix ! Que le monde contemple ce spectacle si étrange et qu'il compte, s'il le peut, les gouttes de sang qui s'échappent de ce corps flagellé !

Aussi ce corps est-il, en réalité, l'esclave de

l'âme et ne fait-il qu'obéir. Avec une nature bouillonnante et un cœur généreux, l'abbé d'Alzon s'est toujours maintenu à une hauteur pure et sereine où les miasmes du monde et les ombres du mal ne pouvaient point atteindre sa belle âme. Ses ennemis même ont reconnu, respecté et proclamé sa vertu.

Le prêtre aime l'Église et il doit lui prêter obéissance au prix des plus grands sacrifices. L'amour de l'Église envers nous est la règle de notre affection filiale envers elle. Jamais il ne faut ni l'abandonner, ni la trahir, ni la contrister ! Qui pourra accuser l'abbé d'Alzon de ne pas l'avoir aimée d'un parfait amour, et de ne pas l'avoir défendue avec un infatigable dévoûment ?

Souvenez-vous de l'influence toute-puissante de Lamennais sur les jeunes intelligences qui se dévouaient, à cette époque, au service de la vérité. Que de correspondances échangées entre le chef de l'école de la Chenaie et le jeune prêtre du Gard ! Leurs relations étaient intimes, sincères, comme il convient à un disciple qui admire son maître et à un maître qui aime son disciple. Mais le jour vient où Lamennais tombe dans l'erreur ; il se révolte, il s'obstine, il s'endurcit. Les foudres de l'Église éclatent ; c'en est fait, il est frappé. Le disciple pleure le maître, qu'il avait en vain averti et pressé ; mais, sans hésiter, il se soustrait à ses influences désormais pernicieuses et console la douleur qui l'oppresse en priant pour cette grande victime de l'orgueil ! Son obéissance n'eut qu'une devise : Rome a parlé, la cause est finie.

L'histoire d'un bon prêtre se terminerait là et paraîtrait suffire à l'admiration du peuple. Constater l'amour de Dieu, de Jésus-Christ et de l'Eglise dans une âme sacerdotale embellie par les plus délicates vertus, par la pauvreté qui l'affranchit de la terre, par la mortification qui la rend supérieure aux sens, par la pureté qui l'embaume des plus suaves parfums, par l'obéissance qui la préserve de tous les vertiges de l'orgueil, par la foi courageuse et profonde, qui est le principe de sa vie et de ses grandeurs, n'est-ce pas vous offrir un spectacle digne de votre piété et consolant pour votre foi ?

Ne croyez pas que ma tâche soit accomplie. C'est ici qu'elle commence ; le prêtre vous a paru grand dans le T. R. Père d'Alzon à cause de ses sacrifices et de ses vertus : ce n'est là que la préparation de son cœur aux œuvres de l'apôtre et aux luttes de l'athlète.

Venez, prêtres de Jésus-Christ, admirer cette âme. Exaltez-la par vos louanges et imitez-la dans ses vertus. Voyez jusqu'où elle porte le désir de la perfection. Le prêtre a voulu s'immoler davantage. Contemplez-le, dans la nuit de Noël, en 1851, dans la modeste chapelle de l'Assomption : il se prosterne devant l'autel et se déclare disciple de saint Augustin. Les vertus du sacerdoce se rehaussent de tout l'éclat de la vie monastique. Le prêtre se fait moine : il fait vœu d'être chaste, pauvre et obéissant par amour pour Jésus-Christ ! Il renonce aux honneurs de l'Église et nous le verrons, dans plusieurs circonstances solennelles, repousser avec énergie le bâton pastoral d'une main qui était digne de le porter.

II. — Le sacerdoce, qui confère des prérogatives, impose un ministère sacré. « Le prêtre, dit saint Paul, est placé entre Dieu et l'homme ; il est l'intermédiaire entre le Créateur et la créature. » Sa mission l'autorise à s'appeler l'ange du Seigneur, c'est-à-dire, l'envoyé, l'apôtre de Dieu auprès des hommes. Or, suivant la doctrine de saint Thomas, Dieu est le souverain bien, qui, de sa nature, est diffusif ! Comment réalisera-t-il la diffusion de sa lumière, de sa vérité, de son amour ? N'est-ce point pour accomplir cette œuvre qu'il s'est choisi, dans tous les siècles, des prophètes, des docteurs, des apôtres ?

Parmi les docteurs et les apôtres du dix-neuvième siècle, vous me permettrez d'accorder une place d'honneur à celui dont nous célébrons la mémoire. Il est juste de lui appliquer ces paroles de l'Écriture ; « Il fut doté de la sagesse, et il était puissant en paroles et en œuvres ». *Eruditus est omni sapientiâ.... erat potens in verbis et in operibus.* (Act. vii, 22.)

La sagesse du T. R. P. d'Alzon se manifeste dans l'apostolat si difficile de la direction des âmes.

A chaque prêtre Dieu confie des âmes qu'il doit détacher du monde, sans toutefois les en éloigner, pour les élever jusqu'au sommet de la vertu. N'est-ce pas là une tâche laborieuse, difficile, pleine d'angoisses, de préoccupations et de responsabilités ? Les puissants de la terre reçoivent d'immenses territoires et de vastes empires ; mais ils ne reçoivent pas des âmes. Ah ! je comprends la parole de saint Grégoire nous disant que le gouvernement des âmes est la science des sciences, l'art des arts : *ars artium regimen animarum.*

Dès les premières années de son sacerdoce, le jeune apôtre étudie et sonde les plaies de la conscience humaine ; il prend en pitié les âmes vouées au péché et au démon ; l'heure la plus matinale le voit accourir au tribunal sacré afin de donner aux pécheurs honteux le facile moyen de rentrer en grâce avec Dieu sans être vus des hommes.

Il sait, d'autre part, que le Christianisme a pour but de réhabiliter la conscience coupable. Et le voilà, à l'âge de 27 ans, faisant appel à la bonne volonté des Sœurs de Marie-Thérèse afin de donner aux filles perdues et aux femmes flétries de nobles exemples de vertu et un salutaire abri contre le vice. Il sait que le monde achète et vend le crime : pourquoi n'y aurait-il pas des œuvres pour prévenir ou combattre ce honteux trafic ? Pourquoi n'ouvrirait-on pas des asiles pour recueillir d'aussi grandes et d'aussi poignantes infortunes ? Que d'âmes déjà coupables transformées par ses influences, converties par ses conseils, édifiées par ses vertus dans cette maison du Refuge de Nimes, fondée par ses soins et développée par son zèle ! C'est lui qui console les secrètes douleurs, et qui panse les intimes blessures de ces âmes si dignes de sa compassion.

Mais sa direction ne se bornera pas à réhabiliter les consciences coupables. L'apôtre des âmes connait les sublimes intentions de la grâce et les suaves délices de l'union des âmes avec Dieu. Initié aux secrets de la vie mystique par les soins du Père Micara, de l'ordre Franciscain, qui l'avait dirigé, pendant son séjour à Rome, il tient à cœur d'appeler à Nimes des phalanges de vierges qui se consacrent à la prière et à l'immolation.

C'est alors que vous êtes venues vous établir dans notre cité de Nîmes, ô vous dignes filles de sainte Thérèse, anges du Carmel, qui nous édifiez par vos vertus et nous sanctifiez par vos mérites. Vous avez été fidèles à la pensée de votre fondateur; c'est lui qui vous a dirigées dans les voies qui conduisent à la possession du Christ, même sur la terre, par la puissance de la grâce et de l'amour. C'est lui qui vous a instruites des secrets de la vie intérieure, et qui par ses avis a affermi vos âmes dans leur marche vers la perfection.

En échange, S<sup>te</sup> Thérèse et S. Jean de la Croix, protecteurs du Carmel, n'ont plus eu de secret pour son sacerdoce et lui ont communiqué la plus entière intelligence des âmes et des cœurs. Aucune situation ne lui paraissait difficile à préciser; il donnait à chaque conscience le conseil utile et opportun. La science de la spiritualité lui devint familière, cette science élevée qui opère la formation du Christ au dedans de nous : *Donec formetur Christus in vobis.*

Ainsi le P. d'Alzon travaillait-il à communiquer aux âmes la ressemblance totale du Sauveur. Voudriez-vous lui dire que le siècle a des exigences et qu'il faut pactiser avec lui? Il vous répondrait que ce christianisme à la mode n'est qu'un demi-christianisme coupable. Son ambition est d'inoculer dans les âmes, qui se confient à sa direction, la substance doctrinale de la vérité chrétienne, telle que les Pères nous l'ont transmise comme un héritage sacré.

Ne pourrait-on pas dire qu'il fait revivre saint Jérôme avec son dévouement complet, son austère doctrine et sa rigoureuse orthodoxie? Comptez, si vous le pouvez, dans ce diocèse et en France, la

multitude d'âmes qu'il a dirigées et transformées !
Que d'Eustochium dont il a encouragé les vertus !
Que de Paules dont il a sanctifié la douleur ! Que
de Fabiola dont il a augmenté les mérites ! Que de
Népotiens qu'il a consacrés à Dieu ! Que de Pammachius dont il a dirigé les actes les plus importants ! Que de Gaudentius qu'il a éclairés et aidés
de ses exhortations !

Ici, c'est le savant qu'il ramène à Dieu ; là, c'est
le littérateur dont il fait un apôtre ; plus loin, c'est
l'homme du monde qu'il arrête et transforme ;
ailleurs, c'est la victime des plaisirs qu'il touche et
convertit. Son esprit a la science de Dieu et des
âmes ; son cœur a l'amour des âmes et du Christ.

Ames qui l'avez entendu et qu'il a conduites,
souvenez-vous encore de ses conseils. Ayez pour
lui sur vos lèvres des prières reconnaissantes et
dans vos cœurs des souvenirs sanctifiants ; restez
fidèles aux règles qu'il vous a tracées, aux engagements qu'il vous a fait prendre ; marchez toujours sous la bannière du tiers-ordre de l'Assomption; louez et célébrez par vos mérites la science
de celui qui fut auprès de vos âmes l'apôtre de la
grâce et de la vertu.

Mais voici bien d'autres œuvres de cet apostolat.
« Parmi les dons du Seigneur, nous dit S. Paul,
ambitionnez les plus élevés », c'est-à-dire la prophétie. Qu'est-ce que la prophétie ? C'est le don
de parler aux peuples et de leur enseigner la vérité. N'est-ce pas cet heureux don qu'avait reçu
en partage le vicaire général du diocèse de Nimes ?
Il était doué d'une magnifique organisation oratoire : le geste, le regard, la voix, la tête, la pose :
tout en lui impressionnait les multitudes et les
subjuguait par un irrésistible ascendant. Sa scien-

ce théologique, puisée aux sources les meilleures, lui donnait une sureté de doctrine, qui apportait la lumière et une précision d'orthodoxie, qui faisait resplendir la vérité.

« Jésus-Christ, disait-il un jour au Chapitre général de son ordre, Jésus-Christ pour être aimé veut être connu. Nous l'étudierons surtout dans ses livres inspirés. Jésus-Christ sera pour nous le trésor recherché sous les voiles des Saintes Lettres; nous nous appliquerons à le connaître comme Dieu, comme homme et comme auteur des dons surnaturels qui nous réconcilient avec le Père. Saint Augustin, notre patriarche, sera notre guide principal. Son Traité de la Trinité et ses livres admirables, qui l'ont fait appeler par l'Eglise entière le Docteur de la grâce, sont les grands jalons de nos études sur ces importantes questions... Le livre de la *Cité de Dieu* est pour nous comme une seconde révélation, et plus nous l'étudions, plus par analogie nous pouvons y trouver le secret de l'avenir ».

L'Ecriture, qui est la parole inspirée, et saint Augustin, qui l'explique et la commente : telles sont les sources où l'apôtre de Nimes puisait les plus beaux accents de sa parole. Il demandait encore à l'étude de saint Thomas d'Aquin les vraies formules de la doctrine catholique et de la saine philosophie. L'Ecriture, saint Augustin, saint Thomas : voilà les trois livres à l'aide desquels il accomplissait des prodiges d'éloquence. C'est à d'aussi belles études qu'il consacrait les longues veilles de ses nuits et les rares moments que lui laissaient dans le jour les œuvres de son apostolat.

Imbu des vrais principes, dévoué aux droits de

l'Eglise, zélé pour le salut des âmes, il montait toujours en chaire le cœur frémissant. On a dit que l'éloquence consiste à donner son âme. N'est-il pas vrai, ô vous qui l'avez entendu, qu'il la donnait avec ses ardeurs, ses rayonnements, ses flammes ? Souvenez-vous de ce magnifique discours qu'il prononçait ici même, dans cette chaire à jamais illustrée par sa parole, sur les services rendus à l'Eglise par la Réforme protestante. Il nous disait combien il était vrai d'affirmer que le salut nous vient de nos ennemis, selon ces paroles inspirées de Zacharie : *Salutem ex inimicis nostris*; car c'est le protestantisme qui, par ses excès, a fait resplendir davantage la sainteté de l'Eglise et qui, par ses révoltes, en a confirmé l'autorité.

S'il éclatait un scandale, sa parole indignée le flétrissait avec une juste violence ; si quelque droit de l'Eglise était méconnu, sa parole vengeresse en revendiquait le respect ; s'il développait la vérité, s'il exaltait la vertu, sa parole excitait des convictions soudaines et de magnifiques enthousiasmes.

Les cloîtres et les communautés ont eu la révélation des qualités de son âme et ont connu la puissance de sa parole. Son zèle n'oublie pas les femmes du monde, qui doivent être les apôtres du foyer, et nous savons que, pendant de longues années, il a dispensé de salutaires encouragements à l'œuvre si utile et si florissante des Dames de Miséricorde, dont il avait excité le zèle, ranimé la charité et organisé le dévouement.

Les pauvres et les petits recevaient surtout les enseignements de sa foi. Dans la chapelle du Lycée, il se dévoue à l'œuvre des catéchismes ; il réunit dans le patronage de l'Assomption les fils de nos plus humbles ouvriers ; il abrite et instruit les orphelines dans les asiles qu'il confie aux Sœurs de Saint-Joseph, ou qu'il place sous la protection de Saint François de Sales. Quand il a instruit les pauvres, il fait appel aux jeunes filles des hautes classes de la société et les instruit dans la chapelle des Augustines de l'Assomption. Nous l'avons entendu, il y a quelques mois à peine, développer les grandeurs de la beauté morale des âmes, devant un auditoire de jeunes communiantes, dans son couvent privilégié des Oblates de l'Assomption. Il leur parlait comme un docteur de l'Eglise avec toutes les délicatesses de la vertu, les affirmations de la science et les inspirations de la piété ; l'apôtre se faisait ainsi tout à tous pour les gagner tous à Jésus-Christ.

Pourrai-je oublier les discours si nombreux et si éloquents qu'il prononçait devant les auditoires d'hommes ? Parler aux hommes, les instruire de la vérité, les encourager aux combats de la foi, les exciter à l'amour de l'Eglise, n'était-ce pas la joie de son zèle et l'ambition de son apostolat ? Vous rappellerai-je les magnifiques conférences de la cathédrale et des autres églises de Nimes ? Vous décrirai-je les impressions qu'il provoquait dans les circonstances les plus difficiles, les effets produits par les discours de 1848, par les instructions de 1850 à 1852, par les conférences de 1861 et 1869 ?

Ce n'est pas la politique des partis qui passionnait son âme et inspirait sa parole. Il protestait avec une prudente énergie contre les abus des pouvoirs humains, ennemis des droits de Dieu et de son Christ. Son auditoire sympathique applaudissait à sa fière parole ; ces milliers d'hommes l'encourageaient d'abord de leur regard attentif, puis ils accompagnaient avec enthousiasme le moine orateur depuis la chaire jusqu'à sa cellule, afin de le protéger contre toute insulte de la rue.

Beaux et incomparables triomphes de la parole, qui avaient donné au T. R. Père d'Alzon l'empire des cœurs !

Cité de Nimes, ville encore catholique et fidèle, parmi les villes de France, regarde dans ton passé ; relis les annales de tes gloires religieuses et de tes fêtes triomphales ; n'est-ce pas à l'apôtre, fils de l'Eglise du Vigan, que tu es redevable du courage de ta foi et de l'ardeur de tes convictions ? Jette des couronnes sur sa tombe ; entoure d'hommages son cercueil et célèbre à jamais sa mémoire : *Laudemus viros gloriosos*.

Ai-je fini d'énumérer les merveilles de cet apostolat ? La direction et la prédication ont accompli des prodiges de foi et de vertu ; mais le conseil de la direction et l'accent de la parole ne donnent point assez de garanties de durée aux conquêtes de l'apôtre. A l'exemple de Salomon, le Père d'Alzon, désire voir s'affermir et se continuer le bien qu'il opère : *Stabilita sunt bona illius in Domino*.

Le voilà à l'œuvre ; le prêtre regarde autour de lui ; il voit qu'il y a un grand bien à faire ; mais si, selon le langage de l'Evangile, la moisson était belle, il y avait peu d'ouvriers : *Messis quidem multa, operarii autem pauci*. Le Père d'Alzon fait appel au dévoûment de tous ; des apôtres accourent à sa voix et il les réunit dans un foyer commun d'étude, de prière et d'apostolat : son institut était fondé. L'apôtre le soumettra à la règle de S. Augustin et le consacrera à Notre-Dame de l'Assomption. Ne semble-t-il pas dire à ses fils spirituels par ce double patronage : « Elevez-vous, comme votre mère du ciel, au-dessus de la terre et de ce qu'elle renferme ; prenez votre essor vers les hauteurs sublimes de la foi et de la vertu. Renoncez, comme votre Père Augustin, au joug du monde et du péché, vous souvenant sans cesse au milieu des vicissitudes terrestres, que notre cœur est toujours dans l'agitation jusqu'à ce qu'il repose en Dieu ».

Bientôt les bénédictions du ciel et les encouragements de l'Eglise portent bonheur à la congrégation naissante. Le nombre des apôtres augmente ; leurs œuvres se développent ; leur influence s'affirme ; leurs maisons se multiplient. L'ordre des Augustins de l'Assomption prend une place d'honneur dans les phalanges apostoliques, qui forment les milices auxiliaires de l'Eglise.

Un jour, recevant le vaillant fondateur de l'ordre, le Souverain Pontife Pie IX, de sainte et glorieuse mémoire, lui dit : « Je bénis, mon cher fils, vos œuvres d'Orient et d'Occident ».

Parole précieuse, récompense bien méritée d'un zèle infatigable ! En effet l'Occident comptait plusieurs maisons de l'ordre : Paris, Nimes, Alais, le Vigan, Arras recevaient les bienfaits des Pères Augustins. A Nimes, le collège de l'Assomption, confié à leurs soins, donnait une éducation virile, franche, distinguée, complète et chrétienne à une jeunesse d'élite, accourue de tous les points de la France, et devenue aujourd'hui l'ornement de l'épiscopat et du sacerdoce, de la magistrature et de l'armée, du barreau et de toutes les carrières sociales. Le Vigan, Alais, Arras, Notre-Dame-des-Châteaux, Clairmarais, Mauville, ont des maisons d'éducation gratuite et chrétienne destinées à seconder le recrutement des ordres religieux et des phalanges sacerdotales. Paris et la France entière sont les témoins émus du dévoûment et de l'apostolat des Pères Augustins pour propager les saines doctrines et secourir toutes les infortunes.

N'est-ce pas à l'influence du fondateur de l'ordre des Augustins que le Père Pernet doit le succès de son œuvre incomparable ? Près de 200 vierges, que la charité inspire et que la foi soutient, se consacrent au service gratuit des malades pauvres, auprès de ces foyers que la misère désole et où l'hôpital est en horreur ; quinze maisons des servantes de l'Assomption existent déjà sur la terre de France.

N'est-ce pas dans l'esprit du fondateur que le Père Picard a puisé l'idée étonnante d'organiser les pèlerinages nationaux aux sanctuaires vénérés de Jésus et de Marie ? Nous savons que le T. R. P. d'Alzon attribuait à la protection de saint Bernard le succès de sa vocation ; qu'y a-t-il d'étonnant que l'apôtre des croisades ait communiqué une étincelle de son ardeur à l'âme qu'il protégeait? Que de fois le diocèse s'est ébranlé à sa voix puissante, pour aller invoquer la Vierge miraculeuse de Lourdes ! Vous avez vu ce mouvement admirable de la foi se commnniquer à toutes les paroisses, à toutes les églises, à toutes les patries du monde catholique ; vous avez vu, chose plus étonnante encore ! les trains de prière se transformer en hôpitaux ambulants et des voitures publiques transporter 1,200 malades d'un bout de la France à l'autre afin d'affirmer la foi du chrétien et d'obtenir le miracle par Marie.

N'est-ce pas sur le conseil de leur supérieur que les Pères de l'Assomption ont pris la plume et consacré les revues périodiques, connues sous le nom du *Pèlerin* et de *La Croix*, à la défense des intérêts catholiques et de nos saintes causes ? Voilà donc leurs influences qui se développent et leurs œuvres d'Occident qui grandissent ! N'est-ce pas le résultat de la bénédiction de Pie IX ?

Mais le Pape avait dit encore : « Je bénis aussi vos œuvres d'Orient ! » L'Orient, le coin de terre d'où jaillit le soleil, la patrie des grands souvenirs, le berceau de l'humanité ! C'est là que le Souverain Pontife appelle les religieux de l'Assomption : le Père d'Alzon s'y précipite, fier de la mission qui lui est confiée. C'est Constantinople qu'il choisit pour affirmer son œuvre. Les prédications d'un carême révèlent sa grande âme, sa foi ardente à l'Église d'Orient. La cité qui admira Chrysostôme est émue de l'éloquence du fils d'Augustin.

Des fondations religieuses sont la conséquence de sa course apostolique. L'œuvre des écoles d'Orient surgit, fondée, sous le patronage des Pères de l'Assomption : Andrinople et Philippopoli restent les centres de leur action.

Mais si les Pères et les Frères Augustins se dévouent avec zéle, où rencontrer des religieuses pour instruire les jeunes filles ? L'hésitation n'est pas longue dans l'âme du P. d'Alzon ; il regarde autour de lui et fait part de ses projets ; des âmes délicates et généreuses comprennent son langage et répondent à ses désirs ; l'œuvre était accomplie : c'était la fondation des Sœurs Oblates de l'Assomption. C'est votre ville, la cité natale de l'apôtre, qui devient le berceau de l'œuvre nouvelle. Vous avez vu le saint institut naître, grandir et prospérer; il est votre gloire et vous faites des vœux pour son extension et ses succès.

Vous dirai-je enfin que le zèle de l'apôtre est encore allé plus loin ? Il a dépassé les limites de l'ancien monde ; l'Océanie a tressailli sous les pas des Augustins de l'Assomption, et vous avez devant vous le prêtre généreux et intrépide, le fidèle Père Brun, qui peut s'appeler, avec juste raison, « le Missionnaire de l'Australie ».

A côté de ces œuvres plus importantes, l'apôtre de l'Orient et de l'Occident n'oublie point les intérêts des âmes dans le diocèse qui l'a vu naître. Il est des paroisses où la foi catholique est exposée aux influences malsaines de l'hérésie ; l'apôtre va à leur secours. Dans ce but, il organise l'œuvre de Saint-François-de-Sales qui centralisera les aumônes pour assurer des ressources aux infortunées paroisses que l'erreur menace et opprime. L'association a de simples débuts, comme toute œuvre venant de Dieu. Son berceau fut la maison des dames de Saint-Maur. Le P. d'Alzon trouva ses premières zélatrices parmi les anciennes élèves de cet excellent institut. Plus tard l'œuvre s'est développée dans l'Eglise de France où elle produit à cette heure, sous la haute direction de Mgr de Ségur, les plus florissants résultats.

Comment ne pas signaler encore l'enrôlement des hommes sous les bannières de S. François-de-Sales, de S. Athanase et de S. Vincent-de-Paul ; la croisade des âmes pieuses et dévouées combinant par une prière et par une aumône commune les efforts de leur foi et de leur charité pour attirer sur la patrie en péril et sur l'Eglise en détresse la protection de Notre-Dame de Salut ; la fondation des messes d'hommes dans la ville de Nimes, inaugurées par son zèle dans l'église de Saint-Charles, afin de consoler la conscience des hommes des persécutions odieuses que leur foi avait à subir ? Ici même, au Vigan, n'a-t-il pas suscité des élans généreux de piété par l'établissement de l'adoration nocturne du T. S. Sacrement, par le réveil de la foi auprès du sanctuaire de Notre-Dame du Bonheur et sur les sommets de l'Espérou, par les encouragements de toutes sortes accordées aux Frères des Ecoles chrétiennes qui élèvent nos enfants ?

Je m'arrête dans l'énumération des œuvres de l'apôtre. A peine avait-il donné l'essor à une œuvre que son zèle se préoccupait de fondations nouvelles. L'empressement le plus actif ne pouvait suffire à réaliser les conceptions de son apostolat. Les évêques de Nimes, pendant près d'un demi-siècle, ont soutenu de leur protection et encouragé de leurs faveurs les entreprises hardies de leur vicaire général. Mais en retour ils lui ont demandé pour leur diocèse sa précieuse coopération et chacun d'eux, Mgr Cart comme Mgr de Chaffoy, Mgr Besson comme Mgr Plantier, ont applaudi à ses nobles intentions, se sont entourés de ses conseils et ont tenu à honneur de s'appuyer sur son dévoùment et sur son expérience. Ils étaient heureux d'avoir auprès d'eux celui qui était la gloire du diocèse, un des plus hardis promoteurs des œuvres catholiques, et l'un d'eux se l'attachera, pendant les travaux du concile du Vatican en qualité de théologien, comme l'organe autorisé des observateurs de Sion : *Vox speculatorum Sion.* Tous se sont plu tour à tour à admirer son zèle et à reconnaître la puissance de ses œuvres : *Potens in operibus*.

III. — Vaillant apôtre, vos œuvres vous ont accompagné au tribunal de Dieu ; elles ont déjà plaidé votre cause. Puisse leur souvenir exciter notre ardeur !

Il nous est déjà facile, Mes Frères, de constater que le T. R. P. d'Alzon, par ses vertus et par ses œuvres, était appelé à exercer une grande influence sur le mouvement catholique dans notre siècle. Ne soyons pas étonnés de le voir prendre part aux luttes qui s'engagent sur les questions religieuses et sociales de l'époque.

Tout enfant, il avait été initié aux épreuves de l'Eglise de France et avait conçu une profonde antipathie pour le Césarisme et la Révolution ; les luttes de l'Eglise et de l'Empire, l'exil du pape Pie VII et des cardinaux, soulevaient alors dans les âmes des fidèles une légitime indignation. Aux jours de son adolescence, il fut témoin du réveil de la France monarchique et chrétienne ; il grandit à l'ombre du drapeau fleurdelisé de nos rois. Devenu jeune homme, il assista au triomphe inattendu d'un gouvernement soi-disant libéral qui étouffait, au profit de la révolution, la liberté sacrée de l'Eglise ; sa loyauté se révolte ; son cœur s'indigne ; son imagination s'échauffe ; son dévouement s'enflamme.

Le voilà, à l'âge de vingt ans, tandis que sa vocation subit à Paris l'épreuve imposée, le voilà se décidant à la lutte publique, descendant dans l'arène, se jetant dans la mêlée ; le voilà se préparant à devenir le vaillant athlète de l'Eglise. Il se fait inscrire membre de l'association pour la défense de la religion catholique ; sous la direction d'esprits éminents et des abbés de Lamennais, Gerbet, de Salinis, il collabore, pour la controverse philosophique et religieuse, au *Mémorial*, à la *Revue catholique* et au *Correspondant*.

Déjà il prend place parmi les combattants qu'inspirent le savant M. de Cazalès et le respectable M. Bailly, le père de deux Augustins de l'Assomption, qui sont la gloire de leur ordre. Il entre en relation avec MM. de Carné, de Champagny, de Pontmartin, du Lac, Foisset, Lacordaire, de Montalembert ; il se dévoue tout entier à la polémique ardente de l'école catholique dont voici le programme :

« Deux questions ont été constituées à l'ordre du jour : la liberté de l'enseignement et l'émancipation de la religion catholique des entraves que quelques traditions parlementaires, les décrets de la Constituante et les lois organiques de l'empire ont successivement apportées à son libre exercice. »

Frappé de ces pensées et ému par de tels exemples, le jeune d'Alzon préparait son âme aux combats de la foi. L'impression que son cœur avait ressentie au contact de tous ces athlètes généreux et qu'il rapporta de la capitale ne fit que s'affirmer davantage et nous le voyons, pendant près d'un demi-siècle, soutenir vaillamment les combats de la liberté, défendre les prérogatives de l'Eglise et proclamer les droits du Christ.

Oui, la religion et la liberté rencontrèrent un courageux champion dans le jeune vicaire général de Nimes. Elles étaient pour lui, comme pour

Lacordaire deux questions d'un intérêt général et immortel. Elles ont tour à tour et quelquefois toutes deux ensemble agité l'univers, et jusqu'à la fin, jusqu'au jour où Dieu les jugera, elles viendront redire aux petits enfants ce qu'elles auront dit à leurs pères ; l'oreille de l'homme n'est jamais sourde à ces deux mots de religion et de liberté.

L'abbé d'Alzon était ravi et entraîné par de semblables doctrines ; à l'exemple de Lacordaire, l'apôtre de Nimes regardait la croix de Jésus-Christ comme « le frein de toute liberté ». Non, jamais il ne dépassera les limites d'une juste revendication ! Non, jamais il n'oubliera de rendre à César ce qui est à César, pour rendre plus aisément à Dieu ce qui est à Dieu. Que ses adversaires soupçonneux veuillent prendre en défaut sa prudence et son zèle : ils seront confondus dans leur odieux espionnage. Les hésitations des bons, les reproches des prudents, les insultes des mauvais ne comprimeront pas les élans de l'athlète et ne pourront jamais intimider son courage.

Ses paroles, ses écrits, ses actes réclament la liberté de l'enseignement secondaire et protestent contre le monopole universitaire ; il organise des conférences, pour appeler l'attention des hommes sur cette importante question.

Il leur disait, un jour : « Voulez-vous, dans l'armée, des officiers qui croient à l'immortalité de l'âme ; au barreau, des avocats qui respectent les choses saintes ; à l'Académie, des savants et des littérateurs qui ne proscrivent point le nom de Dieu ; à la banque, des financiers qui restent fidèles à la conscience et à la justice ; en un mot, voulez-vous pour toutes les carrières libérales une jeunesse qui se respecte elle-même et qui soit l'honneur de vos foyers et de votre patrie : revendiquez le droit de faire élever vos fils, en toute liberté, à l'école de la science et de la foi. »

Tel est le combat que livre, pendant vingt ans, le généreux athlète de la liberté. Quand sa langue se repose, il prend la plume d'une main vigoureuse ; sa plume devient un glaive qui frappe l'ennemi et qui l'épouvante. La *Revue de l'enseignement chrétien*, qu'il fonde ; l'*Univers*, qu'il encourage, et les autres organes catholiques auxquels il collabore, portent aux adversaires de la liberté les coups de sa vaillance.

Enfin l'athlète triomphe. Déjà, en 1844, il a jeté les premières bases du collège libre de l'Assomption. Quand la France tout entière se livre encore à des discussions irritantes, l'abbé d'Alzon, plus pratique, se met à l'œuvre, et l'année 1849 voit s'accomplir ce que l'année 1844 avait commencé. La modeste école des abbés Vermot et Tissot s'agrandit tout-à-coup, sous la direction nouvelle qui lui est donnée : c'est le premier monument, dressé sur la terre de France, en l'honneur de la liberté de l'enseignement secondaire.

Les députés, constatant le succès de l'entreprise, n'hésitèrent plus à voter la loi de 1850, qui nous régit encore, et, d'autre part, vainqueur du monopole universitaire, le fondateur de l'Assomption fut appelé à siéger parmi les membres du Conseil supérieur de l'instruction publique : double récompense bien légitime de ses efforts et de ses succès.

Ce premier triomphe n'arrête pas l'élan du P. d'Alzon pour la conquête de nos légitimes libertés. Au-dessus de l'enseignement secondaire se trouve l'enseignement supérieur. Encore un monopole à détruire, un combat à livrer, une victoire à remporter ! Quand l'Empire fut tombé, victime de ses illusions et cause de nos malheurs, la France parut tressaillir sous un souffle de liberté. L'athlète se trouve là, encore, tout prêt pour la bataille ; sa parole, ses écrits, ses actes vont être de nouveau acquis à la cause de la liberté de l'enseignement supérieur.

La lutte se ravive ; les ardentes discussions se renouvellent. Le Père d'Alzon se souvient du passé ; pour obtenir la victoire, il prendra les mêmes moyens. A côté des politiques, des publicistes et des évêques qui prennent part à ce légitime combat, sa place est marquée ; il ressuscite la *Revue de l'enseignement chrétien* ; il organise les pétitions ; il parle ; il agit ; il prend une large part au mouvement général.

Encore l'athlète triomphe : vous savez comment l'assemblée nationale a répondu à nos désirs. La loi de 1875 est votée et aussitôt surgissent çà et là les « Universités catholiques » auxquelles l'avenir appartient.

Depuis, ces universités ont dû s'appeler du nom plus modeste d'« Instituts », par suite d'une diminution de liberté : tant-il est vrai que la liberté s'enfuit loin des institutions et des peuples, au fur et à mesure que la conscience publique baisse et que la foi religieuse s'affaiblit ! N'importe, la victoire de la liberté est encore là, toujours menacée mais toujours vivante et elle survivra à toutes les attaques.

La victoire de la liberté ! L'abbé d'Alzon ne l'avait-il pas affirmée déjà quand il fonda la congrégation des Augustins de l'Assomption ? C'était l'heure du premier réveil de la liberté nationale. Souvenez-vous. « Quand Lacordaire, s'écrie le

P. Monsabré, écarta les plis de son manteau et montra au siècle étonné sa robe blanche, il s'écria: « Moi qui viens à vous, je suis une liberté » ! Ce cri audacieux retentit dans les âmes. Enhardis par l'appel de l'intrépide pionnier qui se jetait en avant et les couvrait de gloire, tous les ordres s'écrièrent avec lui — et les Pères Augustins étaient du nombre — « Nous sommes une liberté ». En vain cette liberté semble-t-elle submergée aujourd'hui au milieu de la tempête qui sévit sur la France ; le vent qui secoue les chênes ne les déracine pas, et les conquêtes de la liberté sont comme les chênes dont parle le fils de S. Dominique : elles sont immortelles.

Notre athlète a soutenu encore de nombreux combats pour l'unité de l'Eglise. Le centre de l'unité dans l'Eglise, c'est le souverain Pontife. Plus le successeur de Pierre est entouré de respect et de soumission, plus l'Eglise de Rome est l'objet de l'attention des églises du monde catholique, plus aussi l'unité de l'Eglise se manifeste, se resserre et se fortifie. Mais, d'autre part, cette unité s'affaiblit et se relâche d'autant plus que les églises particulières paraissent vouloir se départir davantage de leur attachement au Saint-Siège.

Hélas ! n'avons-nous pas vu et ne voyons-nous pas encore à ce sujet les tendances périlleuses de certains gouvernements ? N'avons-nous pas vu l'orgueil des pouvoirs leur inspirer l'odieuse pensée d'établir des églises nationales ? La France du XIXe siècle se souvient de la lutte déplorable engagée entre Pie VII et le grand empereur. Ce scandale, resté sans effet, n'en était pas moins un avertissement salutaire. N'y avait-il pas d'ailleurs, à côté du concordat, approuvé par le

Pape, les articles organiques, objet de perpétuelles contestations entre les deux contractants ?

Rapprocher l'Eglise de France du centre de l'unité catholique, c'était la préparer à soutenir des combats et à se ménager des victoires sur les préjugés ou les audaces du césarisme et de la révolution. Notre athlète l'a compris. Tandis qu'il reçoit à Rome l'onction sacerdotale, tandis qu'il célèbre sa première messe, assisté de l'abbé de Dreux-Brezé, aujourd'hui évêque de Moulins, et de Mgr de Montpellier, mort évêque de Liège, le nouveau prêtre se prend d'un vif amour et d'un profond dévoûment pour le Siège de Pierre, et la Rome des Papes, centre de l'unité de l'Eglise ; il est un des premiers prêtres français qui traverse la mer, afin de voir, à Rome, Pierre vivant dans ses successeurs !

Le voici, rentrant dans sa patrie, avec son cœur tout embrasé ; Eglise de France, Eglise de Nîmes, contemplez ce nouveau Samuel élevé à l'ombre même du Vatican ce vieux palais des Papes, et à l'ombre de Saint-Jean-de-Latran, cette auguste mère et maîtresse de toutes les églises du monde ; recevez avec joie cet enfant qui vous est rendu et qui vous parlera avec éloquence du Souverain Pontife, notre père par l'autorité, et de l'Eglise de Rome, notre mère par la foi ! « Qui sera notre guide ? s'écrie-t-il. Le Pape. On peut dire que la politique depuis Philippe-le-Bel a été une immense conspiration contre la Papauté et voilà pourquoi toutes les nations sont dans le trouble. L'Europe et le monde ne pourront recouvrer l'ordre et la paix qu'en se réconciliant avec le Pape. »

Il est en France, mais son regard ne se détache pas de Rome, et il n'aura ni trêve ni repos qu'il n'ait ouvert le chemin de la grande Capitale à ceux de ses confrères ou amis auxquels il a communiqué ses saintes ardeurs. Le premier il organise le pèlerinage de prêtres à Rome : 70 d'entre eux l'accompagnent auprès du trône de Pie IX.

Désormais, la route est tracée ; l'impulsion donnée se communique. Le Vatican devient l'objet de pieux et fréquents pèlerinages. Depuis dix-huit siècles, depuis S. Paul, les apôtres et les évêques presque inclusivement allaient voir Pierre, mais Pierre sera vu, au xix° siècle, par les prêtres et les innombrables pèlerins venus de tous les points du monde catholique.

Que dire de son dévouement aux intérêts de la Papauté ? Sa joie est grande quand ses élèves s'arrachent aux douceurs de leurs foyers et quittent leurs familles, pour être les soldats de Lamoricière et de Pimodan, les défenseurs des droits du Pape. Il les encourage comme des héros, à l'heure du départ, et il les chante, après leur mort, comme des martyrs.

Sa joie est grande encore quand il voit s'approcher le temps où sera proclamé le dogme de l'infaillibillité pontificale, dogme qu'il avait toujours aimé et qu'il avait appelé de ses vœux parce qu'il en croyait la proclamation nécessaire aux temps actuels ! En effet, au sein des ténèbres épaisses qui enveloppent aujourd'hui le monde où serait la lumière, si ce n'était la lumière indéfectible de l'Eglise, brillant au milieu des obscurités les plus profondes ? Au sein du chaos des erreurs contemporaines, où trouver la vérité, si nous n'avions la parole infaillible de Léon XIII, successeur de Pierre et vicaire de Jésus-Christ ?

Pour achever de peindre ce tableau et pour

résumer tout ce que nous avons dit des sentiments du Père d'Alzon pour la Papauté, je vous rappellerai, après Mgr Besson, « que la bienveillance paternelle de Pie IX alla jusqu'à l'intimité, s'il est permis d'employer ce mot pour caractériser les relations du Père commun des fidèles avec un de ses fils les plus obéissants et les plus dévoués. Les voyages du Père d'Alzon à Rome, dans ses trente dernières années, sont presque sans nombre. Il y porta le compte-rendu de l'administration de Mgr Cart ; il y suivit Mgr Plantier, aux glorieuses époques du centenaire de saint Pierre, de la canonisation des martyrs du Japon et du Concile Œcuménique ;.... il assista au dernier conclave et acclama, le premier, les grandes espérances que donne le règne de Léon XIII.

» D'autres voyages, d'autres séjours assez prolongés dans la ville Éternelle ne firent que le rendre plus cher à la Cour pontificale, plus familiarisé avec l'esprit et les usages de Rome. Courtisan assidu du Pape découronné et prisonnier il paya le denier de Saint-Pierre avec la munificence d'un prince, tant qu'il lui resta quelque chose à donner......

» Personne n'a plus contribué que lui à rendre cette cause aussi populaire qu'elle était juste. Toutes les questions qui intéressent les privilèges du Saint-Siège passionnaient sa grande âme. Il parla, il écrivit, il combattit tantôt contre les derniers restes des erreurs gallicanes, et contre les illusions du libéralisme, tantôt pour la liturgie romaine et pour la définition de l'infaillibilité avec un zèle que les obstacles ne faisaient qu'animer davantage. Il était toujours de l'avant-garde.....

» Pie IX aimait sa droiture naïve, sa simplicité,

son courage, son magnanime désintéressement. Il répandit plusieurs fois son âme devant lui et l'honora de longues et secrètes confidences. On dit qu'il avait songé à l'appeler à Rome et à le faire entrer dans le Sacré-Collége ; mais quel que soit l'éclat de la pourpre, l'amitié d'un grand pape est plus glorieuse encore. »

« Cette amitié sainte, continue l'illustre évêque de Nimes, le Père d'Alzon sut l'obtenir et la garda jusqu'à la fin. Nous en avons entendu nous même la familière et douce expression dans une audience publique donnée par Pie IX, le 4 février 1877, aux pèlerins Francs-Comtois. Nous suivions le cortège du Saint-Père et notre bien-aimé grand-vicaire s'était confondu dans la foule qui remplissait la galerie. Mais, dès son entrée, Pie IX le reconnut à sa haute taille et à son grand air, et s'écria : « Voilà d'Alzon ! c'est notre ami ! »

N'est-ce pas là, Mes Frères, la plus belle récompense que pût ambitionner le zélé défenseur des droits du Saint-Siège ?

Mais au-dessus de la Papauté se trouve placé le trône du Christ, Roi des rois et Seigneur des seigneurs. Ici encore l'athlète de la liberté et de l'ultramontanisme se montrera vaillant et intrépide : en face de la société moderne, il affirmera les droits sociaux de Jésus-Christ.

Dites-moi quelle est la plaie honteuse de notre siècle. Ne devons-nous pas l'appeler l'athéisme social ? C'est la guerre à Dieu dans la société et dans l'Etat ; car, l'athéisme social appelle l'athéisme législatif.

C'est un nouvel aliment pour le zèle du Père d'Alzon : il se dévoue à combattre les déplorables erreurs des sophistes, des politiques et des libéraux du XIX⁰ siècle et à appliquer à la société la casuistique de la foi.

D'une orthodoxie irréprochable dans la doctrine, il étudiait, avec persévérance, les problèmes sociaux, qui lui paraissaient insolubles, en dehors de l'affirmation du règne du Christ sur les sociétés et sur les peuples. Ses convictions furent satisfaites, quand apparut le *Syllabus* de Pie IX. Aussi ne soyons pas surpris des œuvres qu'il entreprend, des enseignements qu'il donne pour propager la solution catholique de la paix sociale par le règne de Jésus-Christ ? Ecoutez ce qu'il dit au Chapitre général de son ordre, en 1868 :

« Notre vie spirituelle, notre substance religieuse, notre raison d'être comme Augustins de l'Assomption se trouve dans notre devise : *Adveniat regnum tuum* ; l'avènement du règne de Dieu dans nos âmes par la pratique des vertus chrétiennes... l'avènement du règne de Dieu dans le monde par la lutte contre Satan... Attaqué de toutes parts, le divin Maître, Notre-Seigneur Jésus-Christ, est la grande folie des habiles de la science moderne ; il est le scandale du Judaïsme légal, sensualiste, brutal ou raffiné. »

» Qui donc aujourd'hui veut de Jésus-Christ ? Par qui n'est-il pas réprouvé ? C'est cette pierre, ô maçons imprudents, que vous avez rejetée et qui a été établie comme la pierre angulaire ! C'est toujours la même pierre terrible ; celui qui tombera sur elle sera brisé et celui sur qui elle tombera sera broyé. C'est cette pierre, sur laquelle nous voulons bâtir, parce qu'elle est la base de notre foi.

» Satan, pour renverser l'Eglise, s'essaye à renverser tout l'ordre social et les cinquante ou soixante trônes, qui depuis un siècle se sont écroulés sous ses coups, sont l'expérience de ses derniers efforts pour renverser le trône du Vicaire de Jésus-Christ sur la terre.

» Aimons assez l'Eglise pour nous réjouir de tout le bien accompli par ses enfants et pour son triomphe. Aimons, admirons, encourageons chez les autres ce dont nous-mêmes nous sommes incapables. Que le bien général soit notre unique préoccupation ? Comme Moïse disons : *Utinam et omnes prophetent* : plût à Dieu que tous pussent prophétiser !... Le zèle pour les droits de Dieu sur la terre et le salut des âmes, voilà la forme essentielle de notre charité. »

Vous avez entendu le programme de l'athlète de l'Eglise, du général des Augustins de l'Assomption. Le chef et les soldats de la Milice obéiront au mot d'ordre et affirmeront partout les droits sociaux de Dieu et de son Christ. C'était là le but toujours poursuivi par le T. R. P. d'Alzon. Les comités d'hommes qu'il a fondés et encouragés ; les réunions publiques qu'il a convoquées et enhardies ; les jeunes gens qu'il a dirigés et instruits sont encore là, devant vous, avec le programme du maître et avec les exemples de l'athlète, combattant pour le Christ et au nom du Christ !

Il n'a pas eu la consolation de triompher, comme il avait triomphé pour la liberté de l'enseignement et pour l'unité doctrinale et liturgique de l'Eglise. Les armes sont tombées de ses mains affaiblies par cinquante années de fatigantes batailles, mais, du moins, ses armes nous restent ; sur les exhortations de Mgr de Cabrières, le digne et glorieux disciple d'un tel maître, ramassons-les, nous tous, qui avons connu et aimé ce modèle des soldats de l'Eglise et du Christ ! Comme lui souffrons, combattons et mourons, s'il le faut, pour le Christ, pour l'Eglise et pour la liberté.

Quelle consolation et quel honneur de mourir sur le champ de bataille ! L'athlète est tombé, tandis qu'il combattait encore. La maladie, la fatigue, la tristesse l'ont couché sur un lit de douleur ; mais sa foi était toujours vive, son espérance indomptable. Penchez-vous et prêtez l'oreille : la parole expirante du R. P. d'Alzon fait éclater encore en lui les vertus du prêtre de Jésus-Christ, le zèle de l'apôtre de la foi et le courage de l'athlète de l'Eglise.

Dans la sérénité de son âme, il a vu le Dieu des victoires s'approcher de sa couche d'agonie ; il a entrevu le Christ triomphant qui lui montrait la couronne des vainqueurs, et il lui a souri. Mais avant de prendre son essor vers le Ciel, il a voulu laisser à la terre une suprême parole ; les témoins de son dernier soupir ont surpris ces mots sur ses lèvres qui s'entr'ouvraient à peine : « Je demande pardon aux créatures que j'ai offensées et j'invoque le Dieu de miséricorde... O mon Dieu ! j'ai combattu les bons combats : *bonum certamen certavi* ; j'ai consommé ma course : *cursum consummavi* ; j'ai conservé ma foi : *fidem servavi*. J'aperçois la couronne que vous préparez à vos élus. Vers vous, ô Christ ! que j'ai servi sur la terre, vers vous mon cœur aspire, vers vous mon âme monte... O Jésus, je vous aime !... »

Et la voix de l'agonisant s'éteint ; le silence se fait autour de lui...

Il est mort, comme un héros des âges antiques, comme un martyr des siècles chrétiens. Ce vaillant Macchabée, qui est la gloire de la cité, du diocèse, de la France et de l'Eglise n'aura pas vu toutes les tristesses de la patrie, toutes les violations de la liberté et toutes les désolations de l'Eglise qui peuvent encore atteindre et affliger notre foi.

Le combattant a remporté la suprême victoire : il vivra et règnera avec le Christ dans les siècles des siècles !

Ainsi soit-il !

www.ingramcontent.com/pod-product-compliance
Lightning Source LLC
LaVergne TN
LVHW021712080426
835510LV00011B/1740